Impressum
Verlag: BABADADA GmbH, Nedderfeld 112 , 22529 Hamburg
Geschäftsführer / Verlagsleitung: Harald Hof
Druck: Books on Demand GmbH, In de Tarpen 42, 22848 Norderstedt

Imprint
Publisher: BABADADA GmbH, Nedderfeld 112 , 22529 Hamburg, Germany
Managing Director / Publishing direction: Harald Hof
Print: Books on Demand GmbH, In de Tarpen 42, 22848 Norderstedt, Germany

School

ښوونځی

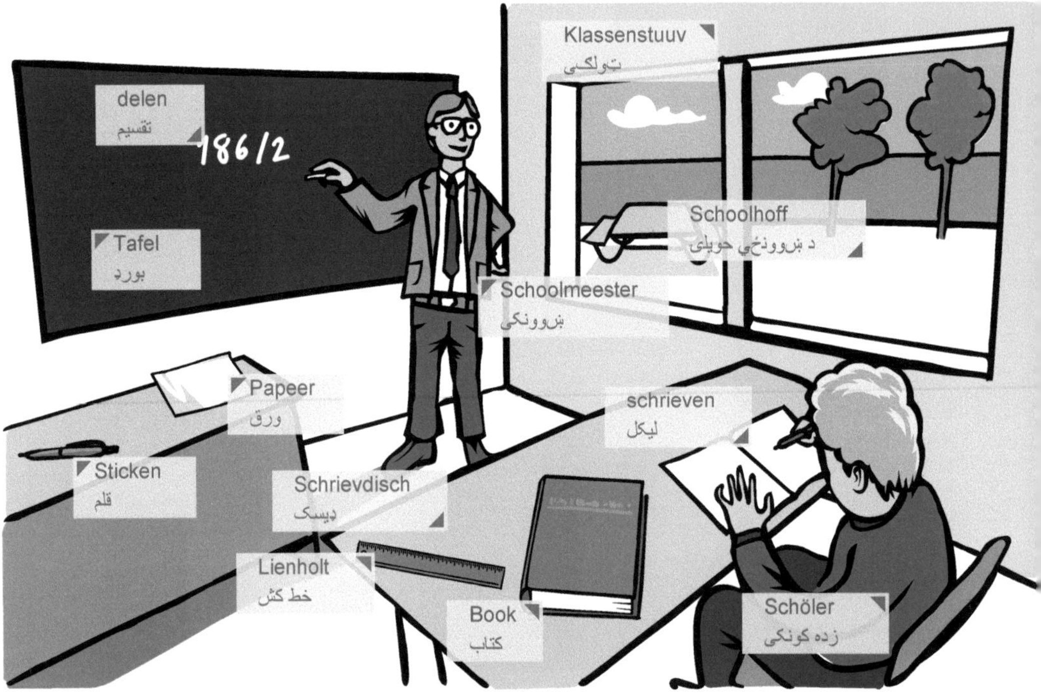
Klassenstuuv
ټولګی
delen
تقسیم
186/2
Tafel
بورډ
Schoolhoff
د ښوونځي حویلی
Schoolmeester
ښوونکی
Papeer
ورق
schrieven
لیکل
Sticken
قلم
Schrievdisch
ډیسک
Lienholt
خط کش
Book
کتاب
Schöler
زده کونکی

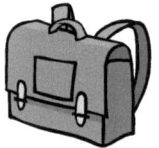

Ranzel

کڅوره

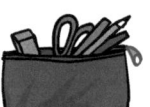

Feddermapp

د پنسل بکسه

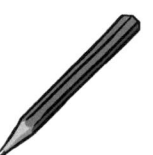

Bleesticken

پنسل

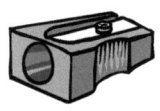

Scharpmaker

پنسل تراش

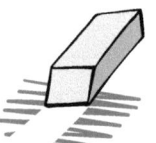

Radeergummi

ربړ

Tekenblock

د رسامۍ پاڼه

Teken

رسامي

Pinsel

د نقاشۍ برس

Malkassen

د نقاشۍ بکس

Scheer

قيچي

Klever

سراښ

Heft to'n Öven

د تمرین کتاب

Huusopgaav

کورنۍ دنده

Tall

شمیر

tohooptellen

جمع

aftrecken

منفي

malnehmen

ضرب

reken

حساب

Bookstaav

توری

ABC

الفبا

Woort

کلمه

Text

متن

lesen

لوستل

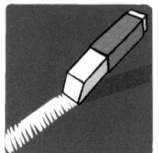

Kried

تباشیر

Stunn

درس

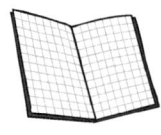

Klassenbook

راجستر

Pröven

ازموینه

Tüügnis

تصدیق پاڼه

Schooluniform

د ښوونځي یونیفارم

Utbillen

تعلیم

Nakieksel

دایره المعارف

Universität

پوهنتون

Mikroskop

مایکروسکوپ

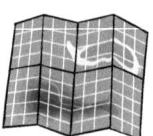

Koort

نقشه

Papeerkorf

اشغالدانۍ

Törn
سفر

Hotel
هوټل
Grand
Harbarg
لیلیه
ROOMS
Wesselstuuv
د اسعارو د تبادلې دفتر
CHANGE
Kuffer
بکس
Auto
موټر

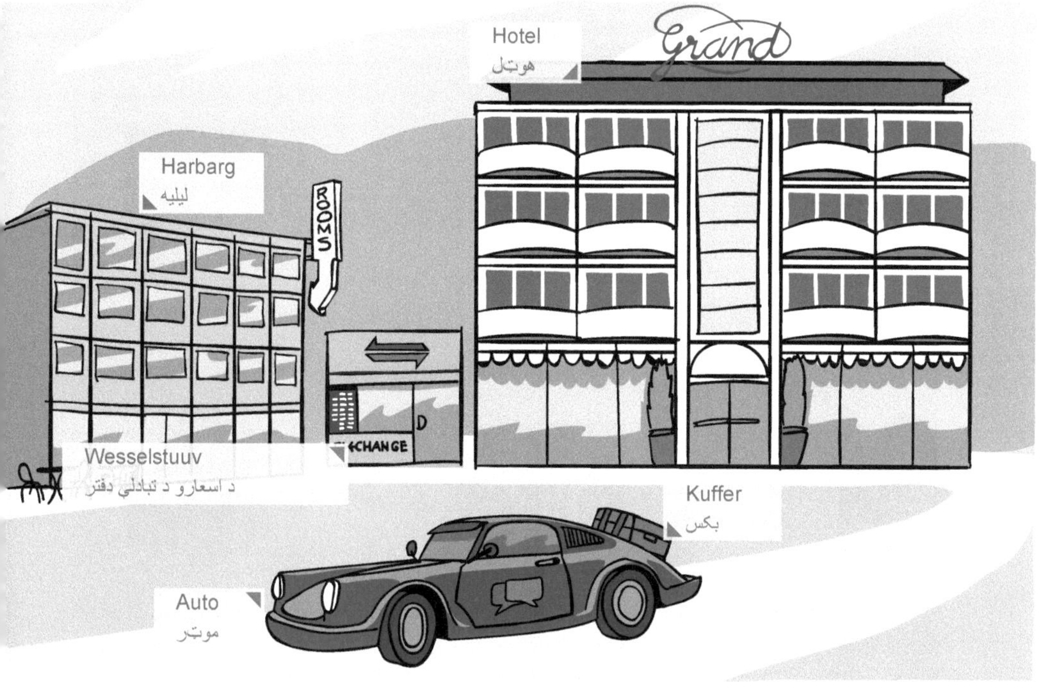

Spraak
ژبه

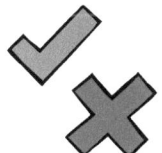

jo / ne
هو/نه

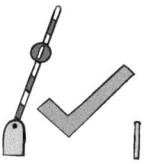

Jo
سمه ده

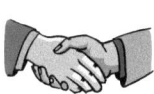

Moin
سلام

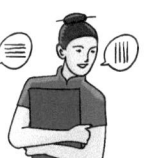

Översetter
ژباړونکی

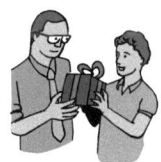

Dank ok
مننه

Wat kost…?

څومره دي...؟

Ik verstah nich

زه نه پوهيږم

Problem

ستونزه

Goden Avend

ماښام مو پخير!

Moin!

سهار په خير!

Gode Nacht!

شپه په خير!

Tschüüs

په مخه مو ښه

Richt

لارښود

Bagaasch

سامان

Tasch

بيگ

Rüchsack

شاتنى بکس

Gast

ميلمه

Stuuv

خونه

Slaapsack

د خوب کڅوړه

Telt

خيمه

Touristeninformatschoon

د توریزم معلومات

Strand

ساحل

Kreditkoort

کریدیت کارت

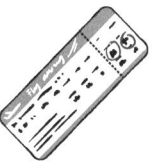

Fröhstück

ناری

Meddageten

د غرمی خواړه

Avendeten

د شپی خواړه

Fohrkort

تیکټ

Fohrstohl

لفټ

Breefmark

مهر

Grenz

پوله

Toll

ګمرک

Bottschop

سفارت

Visum

ویزه

Pass

پاسپورت

Fleger
الوتکه

Schipp
بیری

Füerwehrauto
د اور ماشین

Autobus
بس

Lastwagen
تـرک

Motoorboot
موتـرکبنـئی

Fohrrad
بایک

Auto
موتـر

Fähr

کبنـتی

Boot

کبنـتی

Motoorrad

موتـرسایکل

Polizeiauto

د پولیسو موتـر

Rönnauto

د ریس موتـر

Lehnwagen

کرایی موتـر

Carsharing

د کرایه موټری

Afsleepwagen

جرثقیل لرونکی ټرک

Müllauto

ریفیوز ټرک

Motoor

موټر

Kraftstoff

سونګ توکي

Tanksteed

پټرول سټیشن

Verkehrsschild

ترافیکي نښه

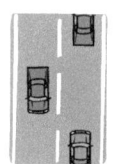

Verkehr

ترافیک

Stau

جام ترافیک

Afstellplatz

د موټرو ټمځای

Bahnhoff

د ریل سټیشن

Sporen

پاټکي

Tog

ریل

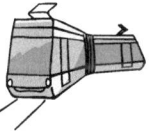

Stratenbahn

ټرام

Wagon

واګون

Dwarsmöhl

چورلکه

Flooghaven

هوايي ډگر

Tower

برج

Fohrgast

مسافر

Grootkist

کانتينر

Karton

کارتون

Koor

کارت

Korf

ټوکری

starten / lannen

الوتنه کول/کښېناستل

Stadt

ښار

Dörp

کلی

Binnenstadt

د ښار مرکز

Huus

کور

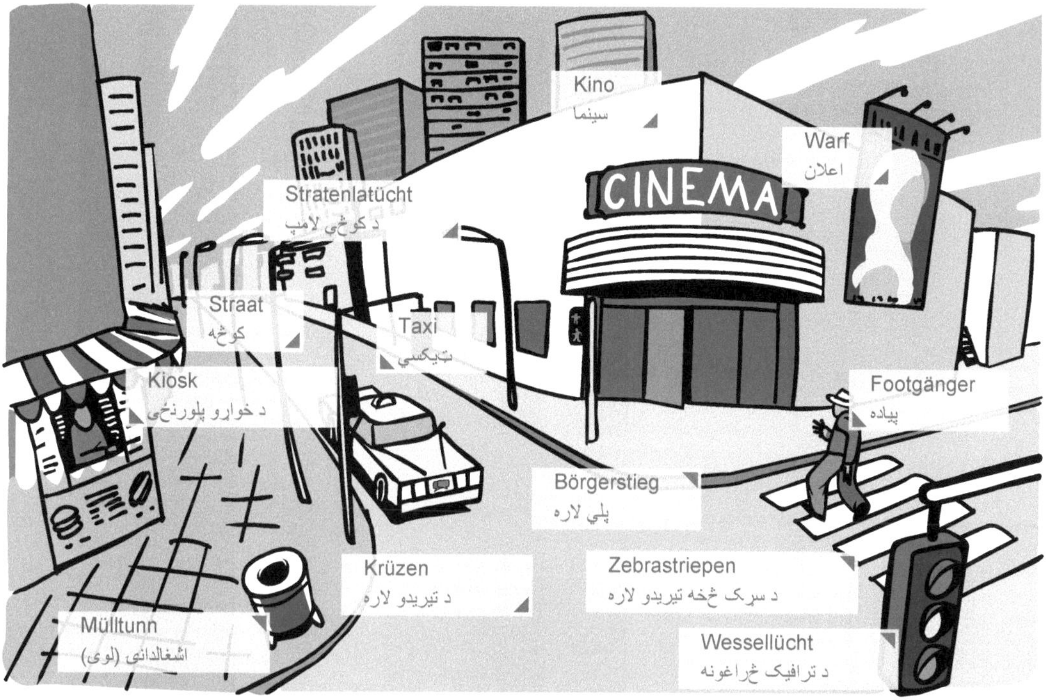

Kino
سینما

Warf
اعلان

Stratenlatücht
د کوڅې لامپ

Straat
کوڅه

Taxi
ټیکسی

CINEMA

Kiosk
د خوارو پلورنځی

Footgänger
پیاده

Börgerstieg
پلي لاره

Krüzen
د تیریدو لاره

Zebrastriepen
د سرک څخه تیریدو لاره

Mülltunn
اشغالدانئی (لوی)

Wessellücht
د ترافیک څراغونه

Hütt
کودله

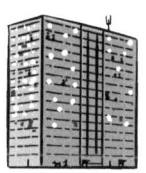

Wahnung
اپارتمان

Bahnhoff
د ریل ستیښن

Raathuus
ښار وال هال

Museum
میوزیم

School
ښوونځی

Universität

پوهنتون

Bank

بانک

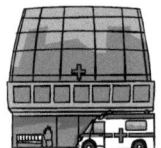

Krankenhuus

روغتون

Hotel

هوټل

Afteek

درملتون

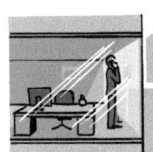

Büro

دفتر

Bookhökerie

کتاب پلورنځی

Hökerie

پلورنځی

Blomenhökerie

د ګلانو پلورنځی

Supermarkt

لوی پلورنځی

Markt

مارکیټ

Koophuus

د ډیپارټمنټ سټور

Fischhökerie

کب پلورنځی

Inkoopszentrum

د پلور مرکز

Haven

لنګرتون

Parkanlaag

پارک

Bank

بینچ

Brüch

پل

Trepp

زینه

Ünnergrundbahn

د ځمکي لاندی

Tunnel

ټونل

Busstoppsteed

بس تمځای

Bar

بار

Spieslokal

ریستورانټ

Breefkassen

پوست بکس

Stratenschild

د کوڅې نښه

Parkklock

د پارک کولو مېتر

Deertenpark

ژوبڼ

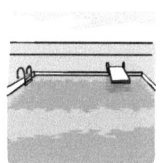

Baadanstalt

د لامبو حوص

Moschee

مسجد

Buernhoff

کرونده

Ümweltversmudden

ناپاکي

Karkhoff

هدیره

Kark

چرچ

Speelplatz

د لوبو ډګر

Tempel

معبد/کلیسا

Landschop

منظره

Blatt
پاڼه

Wiespahl
د لارښوونې نښه

Weg
لاره

Wisch
چمن

Steen
کاڼی

Wannerer
هیکر

Boom
ونه

Fluss
سیند

Gras
واښه

Bloom
ګل

Daal

دره

Barg

غوندی

See

ناور

Holt

ځنګل

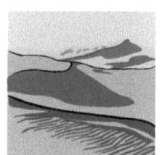

Wööst

دشته

Füerspien Barg

اورثبلری

Slott

كلا

Regenbagen

رنګين كمان

Poggenstohl

مرخيړي

Palm

پلم ونه

Steekmück

ماشي

Fleeg

الوتل

Miegeemk

ميږى

Imm

مچۍ

Spinn

غوندذ/جولا

Landschop - منظره   15

Sebber

کونگت

Pogg

چونگښه

Katteker

نولی

Swienegel

زیرکی

Haas

سوی

Uul

کونگ

Vagel

مرغی

Swaan

قازه

Wildswien

نرخوک

Hirsch

هوسی

Elk

گاوزه

Staudamm

بند

Windrad

بادي توربين

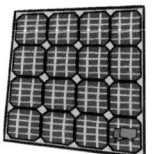

Solarmodul

سولر تختي

Klima

اقلیم

Spieslokal

ریسټورانټ

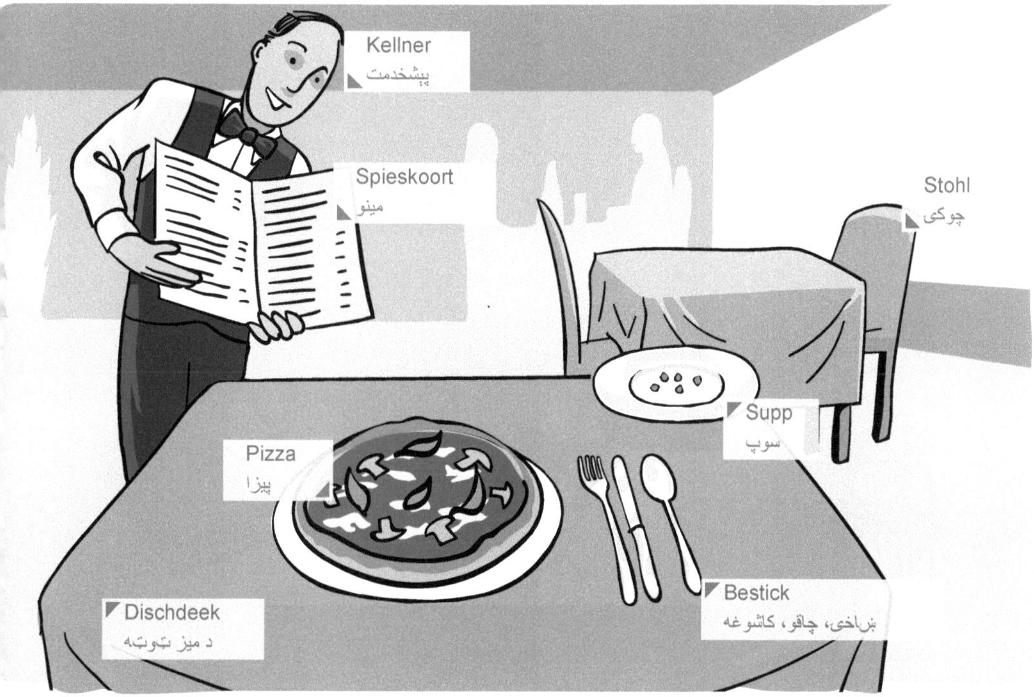
Kellner
پیشخدمت
Spieskoort
مینو
Stohl
چوکی
Supp
سوپ
Pizza
پیزا
Dischdeek
د میز ټوټه
Bestick
ښاخی، چاقو، کاشوغه

Vörspies

سټارټر

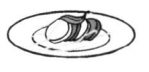

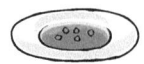

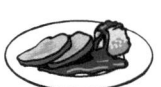

Haupteten

اصلي خواړه

Nadisch

شیرني

Drünk

څښاک

Eten

خواړه

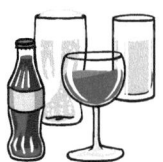

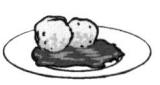

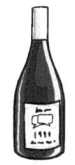

Buddel

بوتل

Fastfood

فاست فود

Strateneten

د کوڅۍ خواره

Teekann

چای جوش

Zuckerdoos

قندانئ

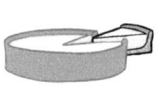

Portschoon

برخه

Espressomaschien

اسپرسو مشین

Hoochstohl

لوړه چوکی

Reken

رسید

Tablett

مجمه

Mess

چاکو

Gavel

پنجه

Lepel

قاشق

Teelepel

چای قاشق

Munddook

سورویت

Glas

گلاس

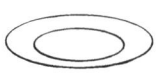

Töller

پلیټ

Suppentöller

د سوپ پلیټ

Ünnertass

نالیکی

Sooß

ساس

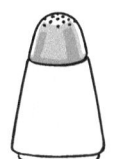

Soltstreuer

مالګه شیندونکی

Pepermöhl

د مرچ ټکولو لوخی

Etig

سرکه

Ööl

غوړي

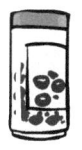

Krüder

مساله

Ketchup

کچ اپ

Mostrich

ښوررشم

Mayonnaise

چکه

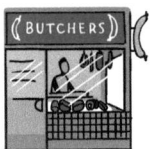

Supermarkt

لوی پلورنځی

Anbott
ځانګړی وړاندیز
FOR
Kunn
پیرودونکی
Melkprodukten
لبنیات
Aaft
میوه
Inkoopswagen
لاسي ځړخ

BUTCHERS

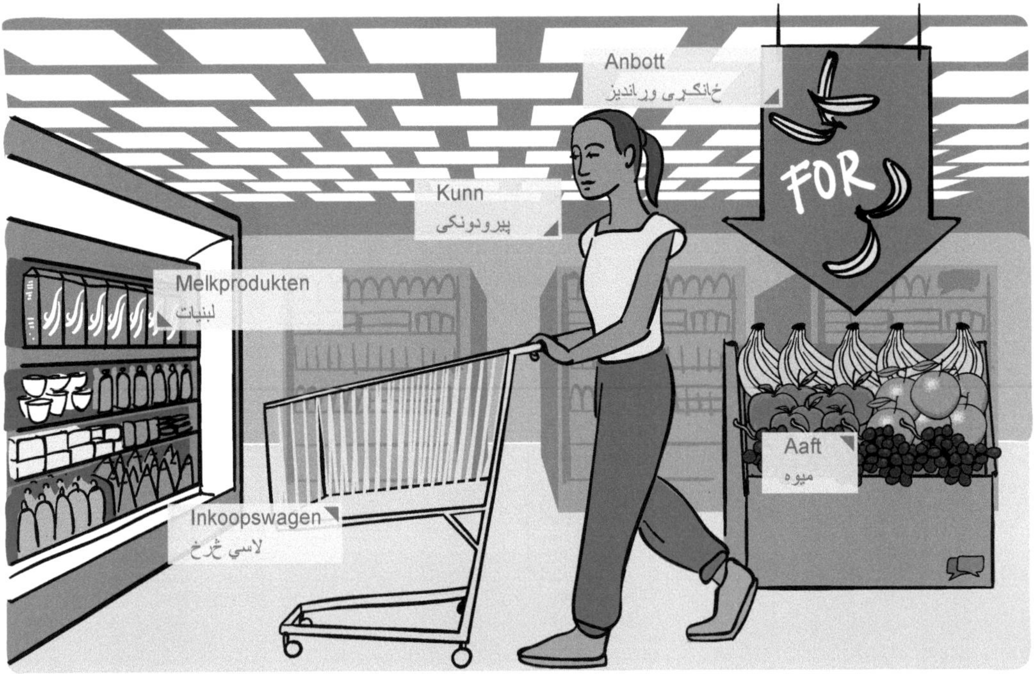

Slachterie

قصابي

BAKERY

Bäckerie

نانوايي

wegen

وزن کول

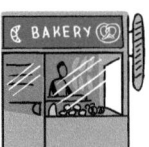

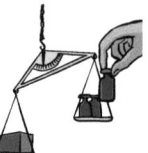

Gröönsaken

سبزیجات

Fleesch

غوښه

Deepköhlkost

کنګل خواړه

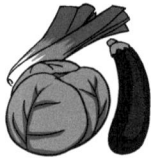

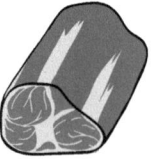

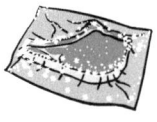

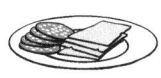

Opsnitt

يخه غوښره

Konserven

كنسروا خواره

Waschmiddel

د مينځلو پودر

Snoopkraam

شيريني

Huushooltssaken

كورني توليدات

Reinmaaktüüch

د پاکولو محصولات

Verköpersche

د پلور فرد

Kass

د نغدي راجستر

Kasserer

صراف

Inkoopslist

د پيرود ليست

Opsparrtieden

كاري ساعتونه

Breeftasch

بټوه

Kreditkoort

كريډيټ کارت

Tasch

كڅوړه

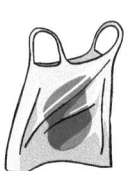

Plastiktüüt

پلاستيک کڅوړه

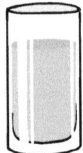

Water

اوبه

Saft

جوس

Melk

شیده

Cola

کوک

Wien

واین

Beer

بیر

Spriet

الکول

Kakao

ککاو

Tee

چای

Koffie

کافي

Espresso

اسپرسو

Cappucino

کپچینو

Banaan

کيله

Appel

منه

Appelsien

نارنج

Meloon

هندوانه

Zitroon

ليمو

Wöttel

کازره

Knuuvlook

هوږه

Bambus

بانکس

Zibbel

پياز

Poggenstohl

مرخيري

Nööt

چغزی

Nudeln

آش

Spaghetti

سپيگټي

Ries

وريجي

Salat

سلاد

Pommes frites

چپس

Braadkantüffeln

سره کړي کچالو

Pizza

پيزا

Hamborger

همبرګر

Sandwich

ساندويچ

Snitzel

کتره

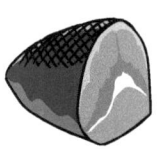

Schinken

د پټون غوښه

Salami

سلمي

Wust

ساسچ

Hohn

چرګ

Braden

روسټ

Fisch

کب

Haverflocken

د وربشي شیرني

Müsli

موسلي

Cornflakes

د جوار پلی

Mehl

اوړه

Croissant

کروسانت

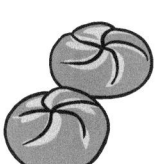

Rundstück

د ډوډۍ رول

Broot

ډوډۍ

Toast

ټوسټ

Keksen

بسکیت

Botter

کوچ

Quark

چکه

Koken

کیک

Ei

هګۍ

Spegelei

پخې هګۍ

Kees

پنیر

Ies

آیس کریم

Zucker

بوره

Honnig

شهد

Marmelaad

مربا

Nougat-Creme

نوگات کریم

Curry

کورکمان

Buernhoff

کرونده

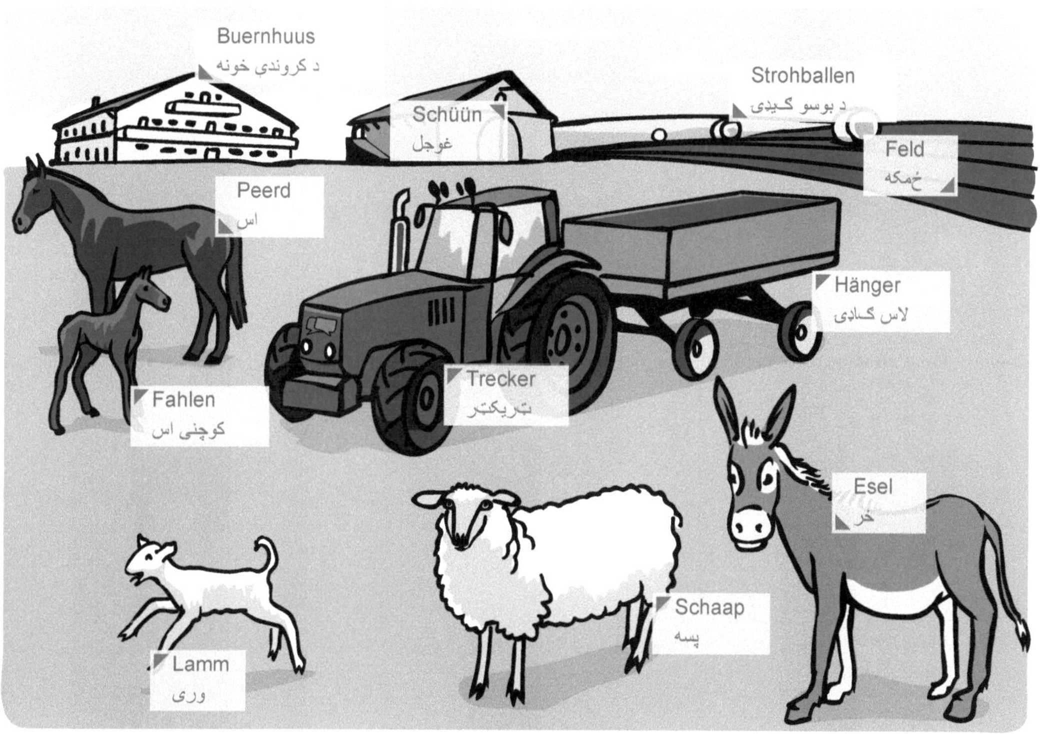

Buernhuus
د کروندي خونه
Schüün
غوجل
Strohballen
د بوسو گیډی
Feld
ځمکه
Peerd
اس
Hänger
لاس گاډی
Trecker
تریکتر
Fahlen
کوچنی اس
Esel
خر
Schaap
پسه
Lamm
وری

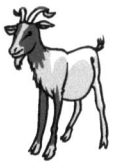

Zeeg

وزه

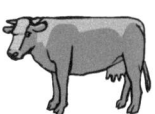

Koh

غوا

Kalf

خوسکی

Swien

خوگ

Farken

د خوگ بچی

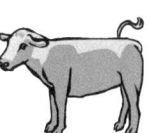

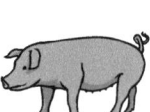

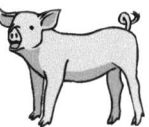

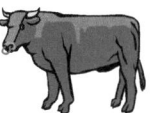

Bull

غویی

Goos

بته

Aant

هیلی

Küken

چرګوړی

Hohn

چرګه

Hahn

بانګی

Rott

سارای موږک

Katt

پیشک

Muus

موږک

Oss

غویی

Hund

سپی

Hunnenhütt

د سپي خونه

Goornslauch

د باغ هوز

Geetkann

د اوبو لوخی

Lee

لور (داس)

Ploog

يوی

Sich

لور

Hack

رمبی

Mestfork

بنراخی

Ext

تبر

Schuufkoor

کراچی

Trog

ناوه

Melkkann

د شیدو لوخی

Sack

جوال

Tuun

کنراره

Stall

مضبوط

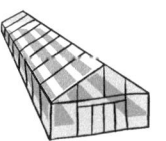

Drievhuus

شنه خونه

Bodden

خاوره

Saat

تخم

Dünger

سره/کود

Meihdöscher

کد ربیونکی ماشین

oornen

زیرمه کول

Oorn

درمند

Yamswöttel

خواږه کچالو

Weten

غنم

Soja

سویا

Kantüffel

کچالو

Törksche Weten

جوار

Rapp

نباتي تخم

Aaftboom

د ميوي ونه

Troopsch Kantüffel

مانيوک

Koorn

غله

Huus
کور

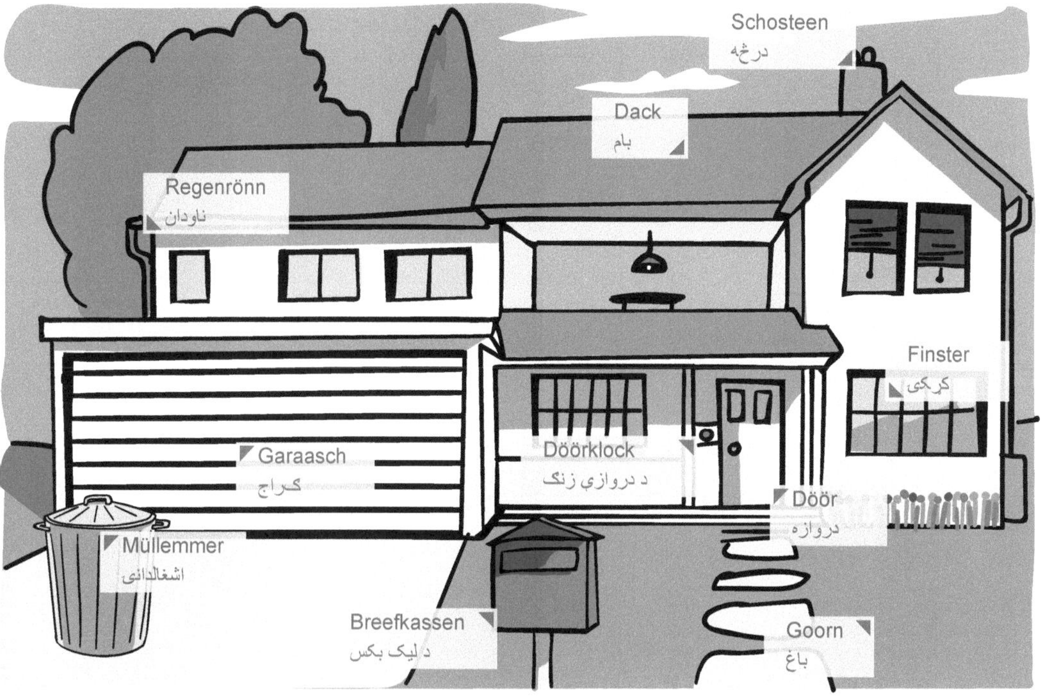

Schosteen
درځه
Dack
بام
Regenrönn
ناودان
Finster
کړکۍ
Garaasch
ګراج
Döörklock
د دروازې زنګ
Döör
دروازه
Müllemmer
اشغالدانی
Breefkassen
د لیک بکس
Goorn
باغ

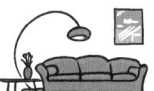

Wahnstuuv

د اوسیدو خونه

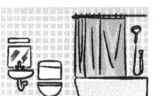

Baadstuuv

حمام

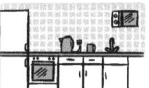

Köök

پخلنځی

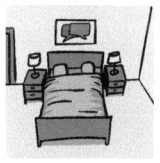

Slaapstuuv

د ویده کیدو خونه

Kinnerstuuv

د ماشوم خونه

Eetstuuv

د خوړو خونه

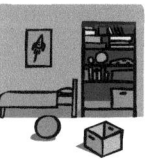

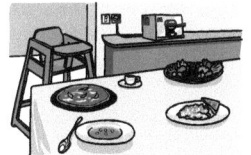

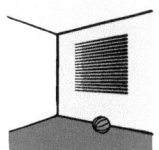

Footbodden

فرش

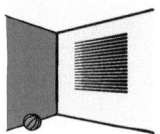

Wand

دیوال

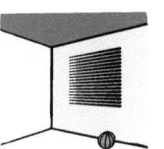

Deek

چت

Keller

زیرخانه

Hittluftbad

سونا

Balkon

بالکوني

Terrass

تراس

Swümmbad

حوض

Rasenmeiher

د چمن وهلو ماشین

Bettbetog

شیت

Bettdeek

روجایی

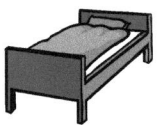

Puuch

تخت

Bessen

جارو

Emmer

بوکه

Schalter

سویچ

Wahnstuuv
د اوسیدو خونه

Tapeet
والپیپر
Bild
عکس
Lamp
لامپ
Regal
شیلف
Schapp
الماری
Kamin
نغری
Kiekkassen
تلویزیون
Bloom
گل
Küssen
بالښت
Sofa
صوفه
Vaas
گلدانی
Feernbedenen
ریموټ کنټرول

Teppich
غالی

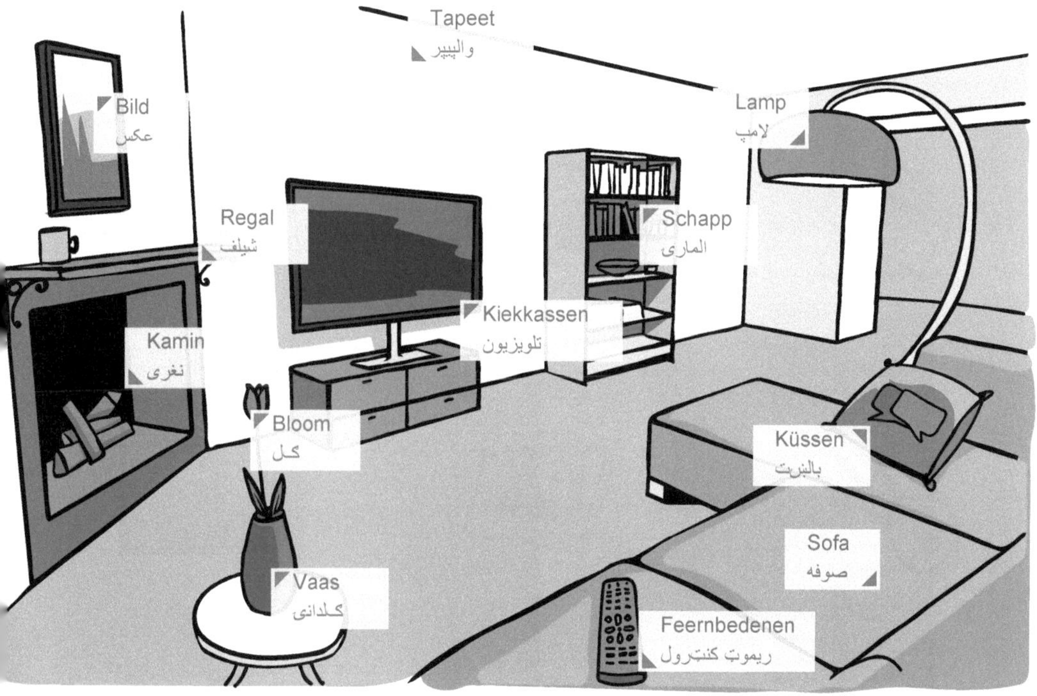

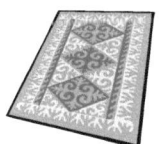

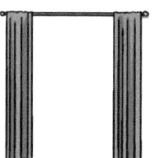

Vörhang
پرده

Disch
میز

Stohl
چوکی

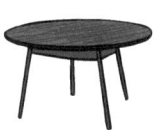

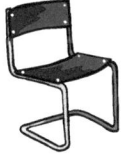

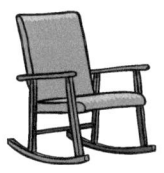

Schuckelstohl
تاویدونکي چوکی

Sessel
بازو لرونکی چوکی

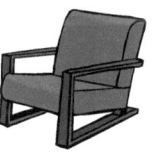

Book

کتاب

Deek

کمپل

Dekoratschoon

دیکوریشن

Füerholt

د اور لرګي

Film

فلم

Stereoanlaag

هایفای

Slötel

کلي

Narichtenblatt

ورځپاڼه

Gemälde

نقاشي

Poster

پوسټر

Radio

رادیو

Opschrievblock

کتابچه

Huulbessen

واکیوم جارو

Kaktus

کاکتوس

Kars

شمع

Köök

پخلنځی

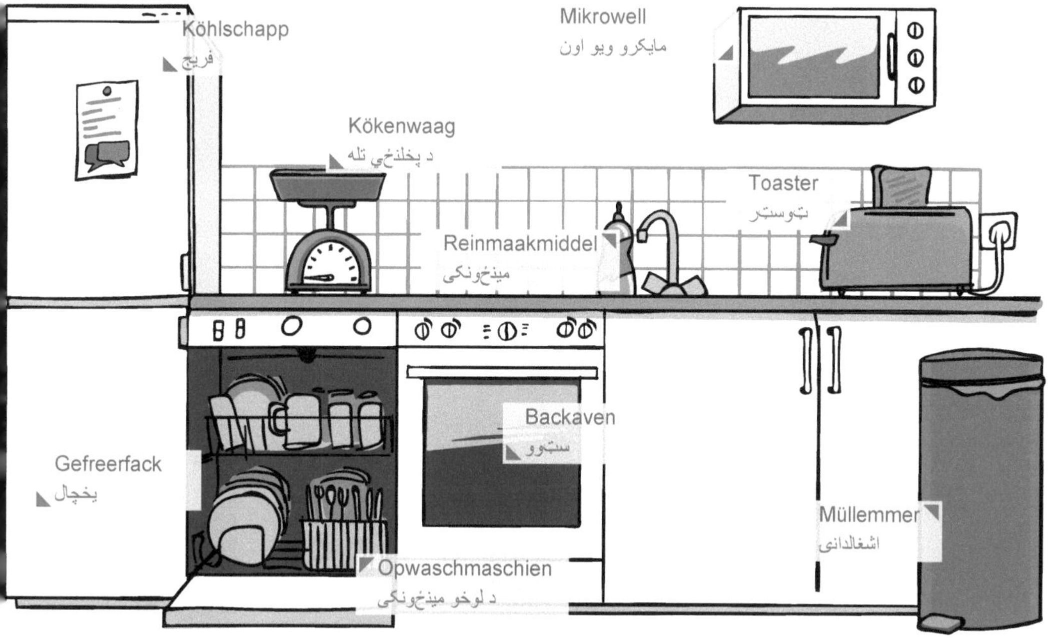
Köhlschapp
فریج
Mikrowell
مایکرو ویو اون
Kökenwaag
د پخلنځي تله
Toaster
ټوسټر
Reinmaakmiddel
مینځونکی
Backaven
سټوو
Gefreerfack
یخچال
Müllemmer
اشغالدانی
Opwaschmaschien
د لوخو مینځونکی

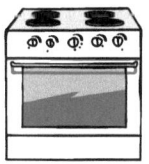

Heerd

دیگ بخار

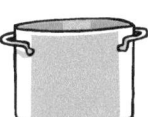

Pott

لوخی

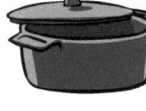

Gussiesern Putt

چدني لوخی

Wok / Kadai

ووک

Pann

د تلي په

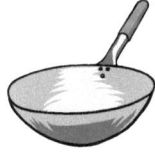

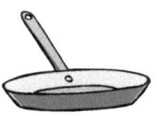

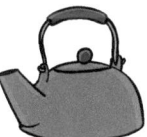

Waterkaker

چای جوش

Dampkaakputt

د بخار دیگ

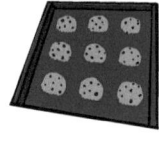

Backblick

پتنوس

Geschirr

لوخي

Beker

مګ

Schaal

کاسه

Eetsticken

د رانیولو اوزار

Suppenkell

ټمخۍ

Pannenwenner

کفګیر

Sneebessen

پاکونکی

Kaakseef

صافي

Seef

غلبیل

Riev

ګریتر

Mörser

اونګ

Grill

بار بي کیو

Füerstell

خلاص اور

Sniedbrett

تخته

Nudelholt

هوارونکی

Proppentrecker

کارک سکریو

Doos

ټیم

Dosenaapner

۱ ټیم خلاصونکی

Pottlappen

د لوخي توته

Waschbecken

ظرف شوی

Böst

برس

Swamm

سپنج

Mixer

بلیندر

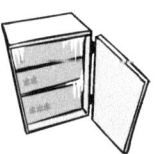

Iesschapp

ژور یخچال

Nuckelbuddel

د ماشوم بوتل

Waterhahn

نل

Baadstuuv

حمام

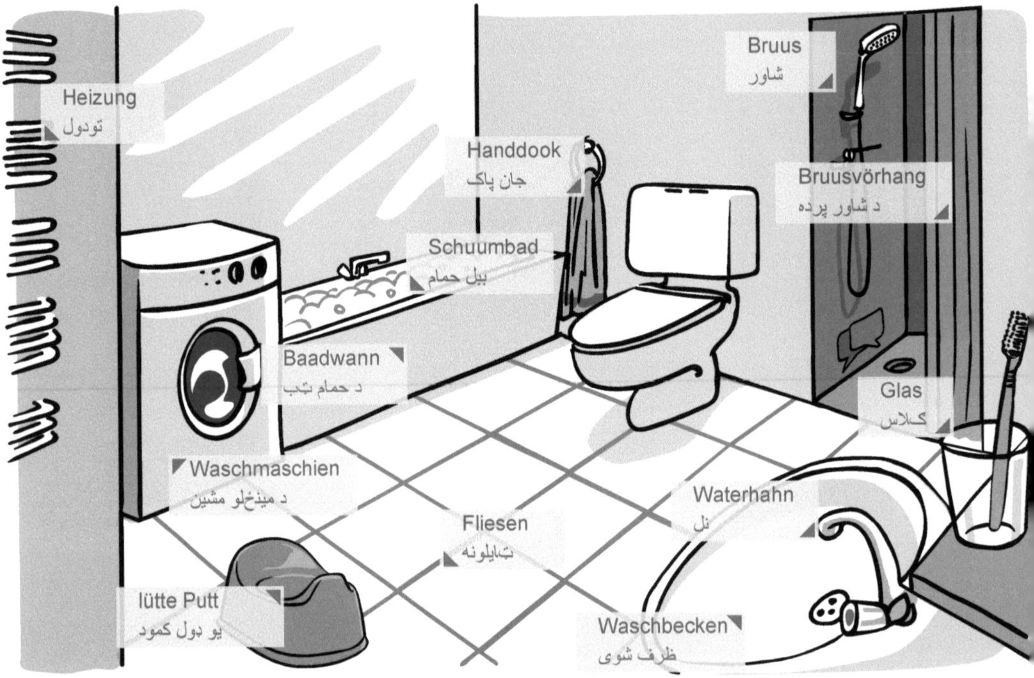
Heizung
تودول
Handdook
جان پاک
Schuumbad
ببل حمام
Baadwann
د حمام ټب
Waschmaschien
د مینځلو مشین
Fliesen
ټایلونه
lütte Putt
يو دول كمود
Bruus
شاور
Bruusvörhang
د شاور پرده
Glas
ګلاس
Waterhahn
نل
Waschbecken
ظرف شوی

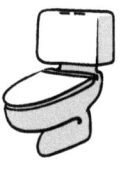

Tante Meier

تشناب

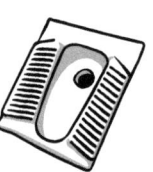

Hockklo

فرشي کمود

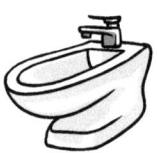

Bidet

کمود

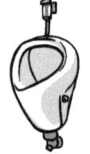

Miegbecken

د متیازو ځای

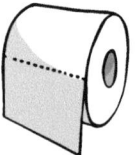

Klopapeer

تشناب کاغذ

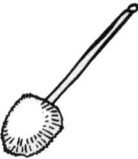

Kloböst

د تشناب برس

Tähnböst

د غاښونو برس

Tähnpast

د غاښونو کریم

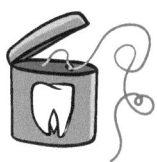

Tähnsied

د غاښونو نخ

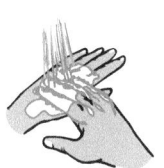

waschen

مینځل

Handbruus

لاسي شاور

Intimbruus

دوش

Waschschöttel

خانک

Rüchböst

د شا برس

Seep

صابون

Bruusgeel

د شاور ژل

Hoorwaschmiddel

شامپو

Waschlappen

فلانل جامه

Afloop

وچول

Creme

کریم

Deodorant

سپری

Spegel

آینه

Kosmetikspegel

لاسي آینه

Raserer

ریزر

Raseerschuum

د خریلو فوم

Raseerwater

د خریلو وروسته

Kamm

ګمنځ

Böst

برس

Hoordröger

د ویښتانو وچونکی

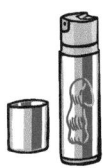

Hoorspray

د ویښتانو سپری

Smink

میک اپ

Lippensticken

لیپ ستیک

Nagellack

د نوکانو پالش

Watt

کاتن وری

Nagelscheer

ناخن ګیر

Rüükwater

عطر

Kulturbüdel

د مینخلو کڅوړه

Schemel

ستول

Waag

د وزن کولو تله

Baadmantel

د حمام پوښاک

Gummihanschen

د ربړ دستکش

Tampon

تامپون

Damenbinn

صحیی جان پاک

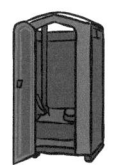

Chemieklo

کیمیکل تشناب

Kinnerstuuv

د ماشوم خونه

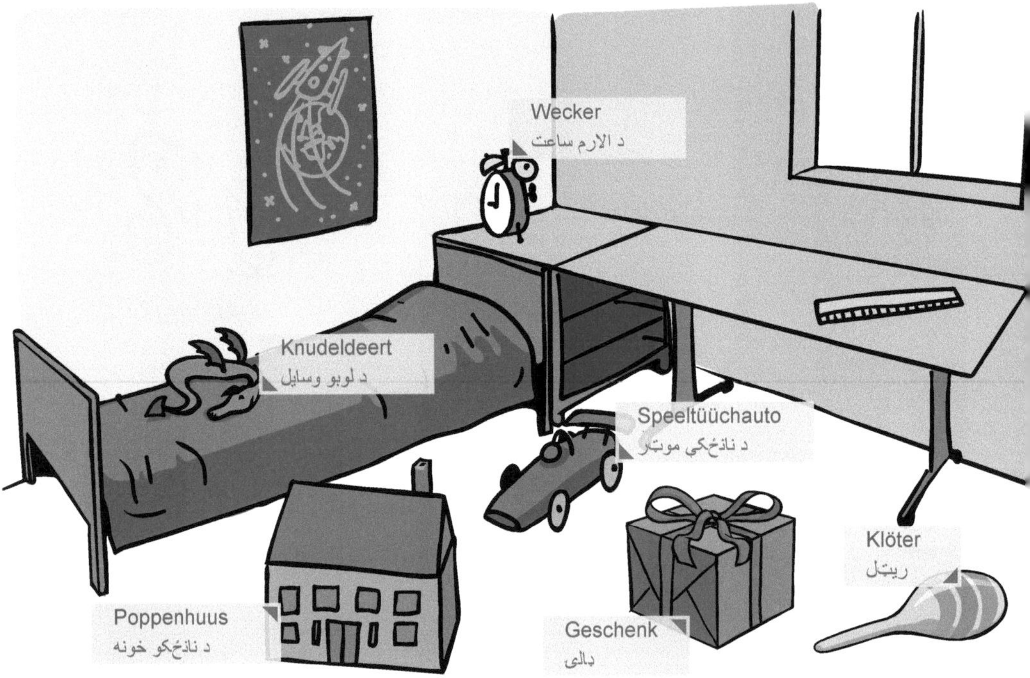

Wecker
د الارم ساعت
Knudeldeert
د لوبو وسايل
Speeltüüchauto
د ناڅکي موټر
Klöter
ريتل
Poppenhuus
د ناڅکو خونه
Geschenk
ډالی

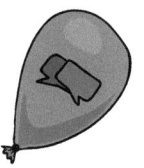

Luftballon

بالون

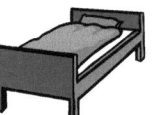

Puuch

تخت

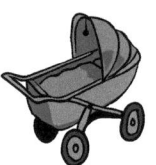

Kinnerwagen

کالسکه

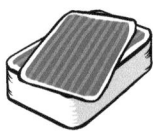

Koortenspeel

د لوبو ورقي

Puzzle

جيګسا

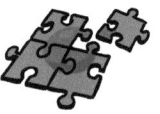

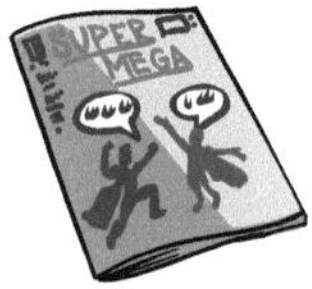

Billergeschicht

مسخره

Legostenen

ليګو بريک

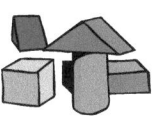

Bustenen

د نازخکو بلاک

Action-Figur

د اکشن فيګور

Strampelantog

د ماشوم پوښاک

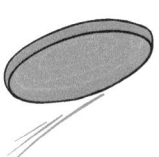

Frisbeeschiev

فريزبي

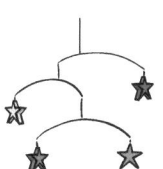

Mobile

موبايل

Brettspeel

بورډ لوبه

Wörpel

تاس

Modelliesenbahn

مادل ريل سيټ

Snuller

ګونګشی

Party

پارټي

Billerbook

د عکسونو البوم

Ball

بال

Popp

نازخکه

spelen

لوبيدل

Sandkassen

د شگو کنده

Schuckel

سوینگ

Speeltüüch

ناڅخکي

Speelkonsool

د ویدیو لوبو کنسول

Dreerad

تر‌ای سایکل

Teddyboor

ګوډکه

Klederschapp

د کالو الماری

Tüüch

پوښاک

Socken

جرابي

Strümp

لوړي جرابي

Strumpbüx

ټاييتس

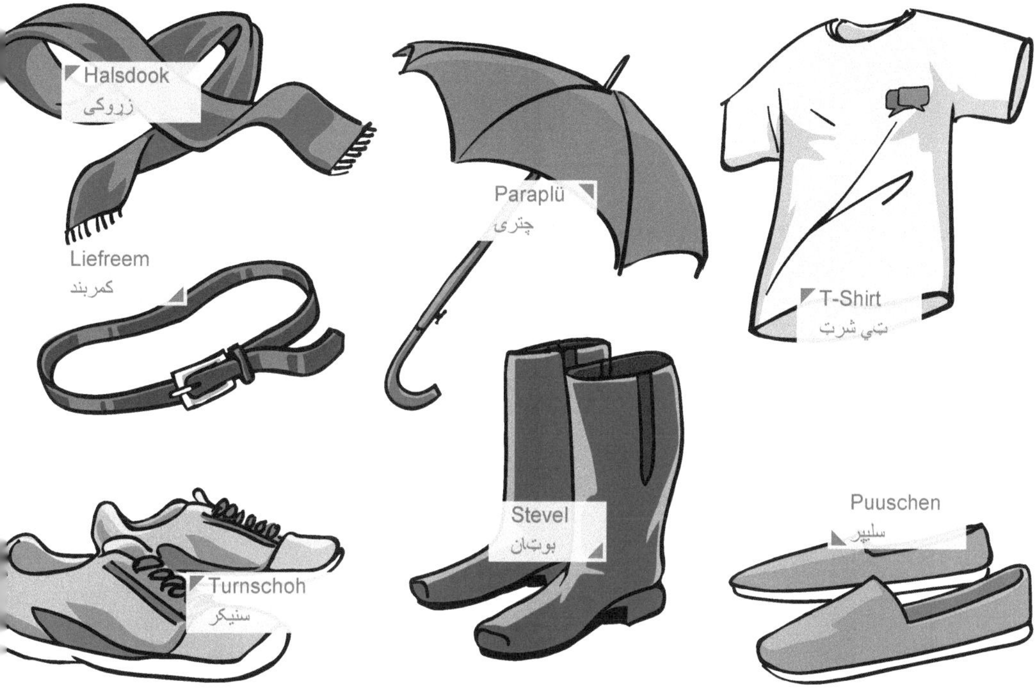

Halsdook
زروکی

Paraplü
چتری

Liefreem
کمربند

T-Shirt
تي شرت

Stevel
بوټان

Puuschen
سلیپر

Turnschoh
سنیکر

Sandalen
....
سینډل

Schoh
بوټان

Gummistevel
د ربر بوټان

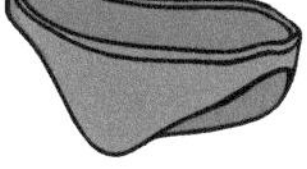

Ünnerbüx
....
زیرنیکري

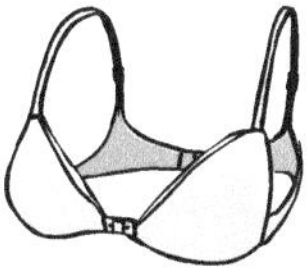

Bostholler
....
سینه بند

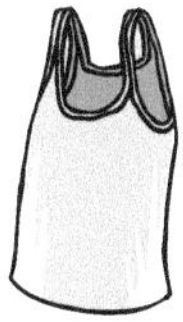

Ünnerhemd
....
واسکټ

Lief

بادي

Büx

پتلون

Jeansnüx

جينز

Rock

لمن

Bluus

بلاوز

Hemd

شرت

Pullover

بنيان

Kapuzenpullover

سويتر

Blazer

بليزر

Jack

جاكت

Mantel

كوت

Övertrecker

د باران کوت

Kostüm

پوښاک

Kleed

كالي

Hochtietskleed

د واده پوښاک

Antog

دريشي

Nachtkleed

د شپې پوښاک

Slaapantog

پاجامه

Sari

ساړي

Koppdook

لوپټه

Turban

پټکی

Burka

برقه

Kaftan

کفتن

Abaya

عبا

Baadantog

د لامبو پوښاک

Baadbüx

نیکر

Korte Büx

شارتت

Antog to'n Öven

د خُغاستی پوښاک

Schört

پیش بند

Handschoh

دستکش

Knopp

بټن

Brill

عینک

Armband

لاس بند

Halskeed

غاړه کۍ

Ring

کوتمه

Ohrbummel

غوږوالۍ

Mütz

خولۍ

Klederbögel

کوټ بند

Hoot

خولۍ

Binner

نتایی

Rietslüter

ځنځیر

Helm

هیلمیټ

Drachtband

تړونکۍ

Schooluniform

د ښوونځي یونیفارم

Uniform

یونیفارم

Severböten

بیب

Snuller

گونگشی

Winnel

نیپی

Büro

دفتر

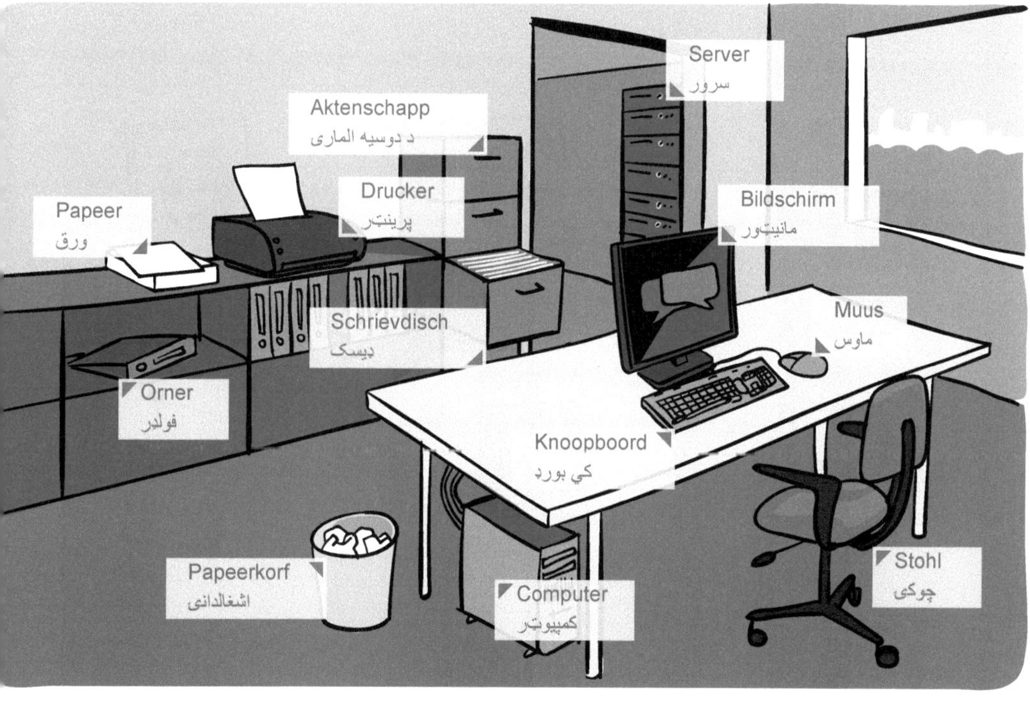

Server
سرور

Aktenschapp
د دوسیه الماری

Drucker
پرینتر

Papeer
ورق

Bildschirm
مانیتور

Schrievdisch
ډیسک

Muus
ماوس

Orner
فولدر

Knoopboord
کي بورد

Papeerkorf
اشغالدانی

Stohl
چوکی

Computer
کمپیوټر

Koffiebeker

د کافي پیاله

Taschenreekner

کالکولیټر

Internet

انترنیټ

Klappreekner

لپ ٹاپ

Breef

لیک

Naricht

پیغام

Ackersnacker

موبایل

Nettwark

نیٹورک

Kopeerapparat

فوٹوکاپیر

Software

سافٹ ویر

Klöönkassen

ٹلیفون

Steekdoos

پلگ ساکٹ

Faxapparat

فکس مشین

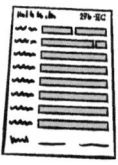

Formulor

فارم

Dokument

سند

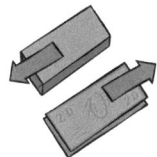

köpen

پیرل

betahlen

تادیه کول

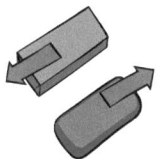

hanneln

سوداگري كول

Geld

پیسی

Dollar

دالر

Euro

یورو

Yen

ین

Ruvcl

ربل

Swiezer Franken

سویيسي فرانک

Renminbi Yuan

رینمینبي یوان

Rupie

روپی

Geldautomat

د نغدي پیسو خای

Wesselstuuv

د اسعارو د تبادلي دفتر

Gold

سره زر

Sülver

سپین زر

Ööl

تیل

Energie

انرژي

Pries

نرخ

Verdrag

قرارداد

Stüer

مالیه

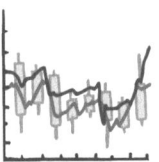

Andeelschien

اسهام

arbeiden

کار کول

Anstellte

کارمند

Arbeitgever

کار ګومارونکی

Fabrik

فابریکه

Hökerie

پلورنځی

Profeschonen

مسلکونه

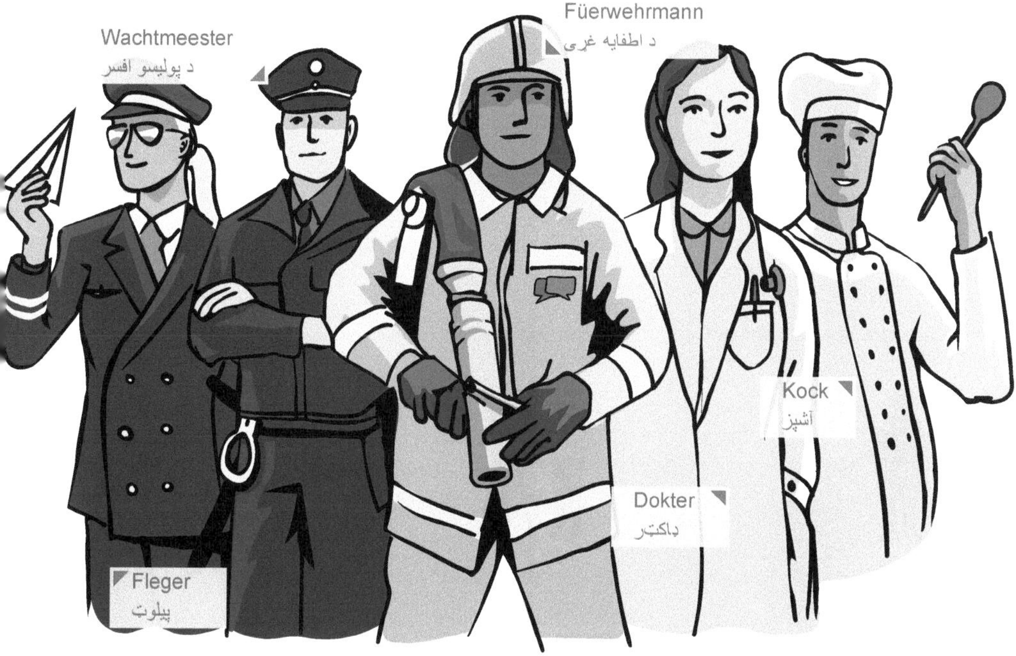
Wachtmeester
د پولیسو افسر
Füerwehrmann
د اطفایه غړی
Kock
آشپز
Dokter
ډاکټر
Fleger
پیلوټ

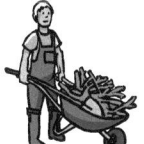

Goorner

باغوان

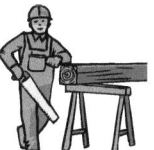

Discher

نجار

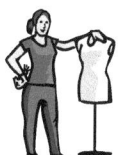

Neihersche

خیاط

Richter

قاضي

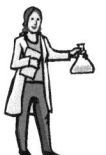

Chemiker

کیمیا پوه

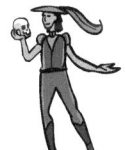

Schauspeler

د فلم لوبغاړی

Busfohrer

د بس ډرايور

Taxifohrer

د ټيکسي ډرايور

Fischer

کب نيونکی

Reinmaakfru

خدمه

Dackdecker

بام جوړونکی

Kellner

پيشخدمت

Jäger

ښکاري

Maler

نقاش

Bäcker

نانوا

Elektriker

د برېښنا کارکونکی

Buarbeider

تعمير جوړونکی

Ingenieur

انجنير

Slachter

قصاب

Klempner

نلدوان

Postbüdel

پوسټ رسونکی

Suldat

سرتيری

Architekt

مهندس

Kasserer

صراف

Florist

ماليار

Putzbüdel

نايی

Schaffner

كلينر

Mechaniker

ميكانيك

Kaptein

کپتان

Tähndokter

د غاښونو ډاکټر

Wetenschopler

ساينس پوه

Rabbi

بشاغلی

Imam

امام

Mönk

مذهبي نفر

Paap

پادري

Warktüüch

لوازم

Hamer
څټکی
Tang
پلاس
Schruvendreiher
پیچکش
Taschenlamp
څراغ
Schruvenslötel
رینچ

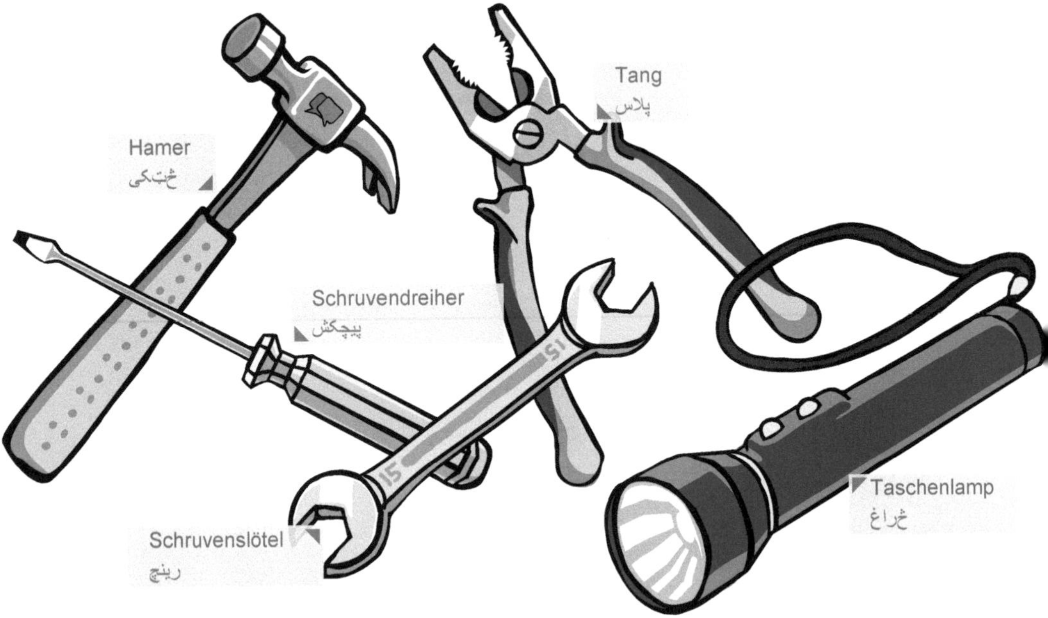

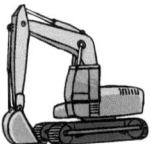

Grieper
....
کنستونکی

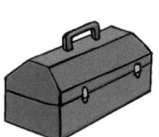

Warktüüchkassen
....
د لوازمو بکس

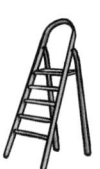

Ledder
....
زینه

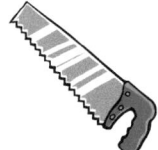

Saag
....
اره

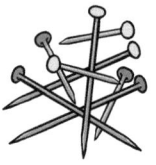

Nagels
....
میخونه

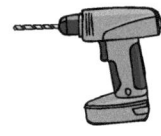

Bohrer
....
برمه

heelmaken

ترمیم کول

Schüffel

بیل

Schiet!

لعنت!

Kehrblick

خاک انداز

Farvpott

مشوانی

Schruven

پیچونه

Musikinstrumenten

د میوزیک آلات

Luutsnacker

لاود سپیکر

Slagtüüch

درم سیټ

Bass-Vigelien

کنټرباس

Trumpeet

ترومپیټ

Rietfiedel

ګیتار

Klaveer

پیانو

Vigelien

واېلن

Bass

باس

Pauk

نغاره

Trummeln

درمونه

Keyboard

کي بورد

Saxophon

سېکسافون

Fleut

شپېلی

Mikrofoon

مایکروفون

Deertenpark

ژوبڼ

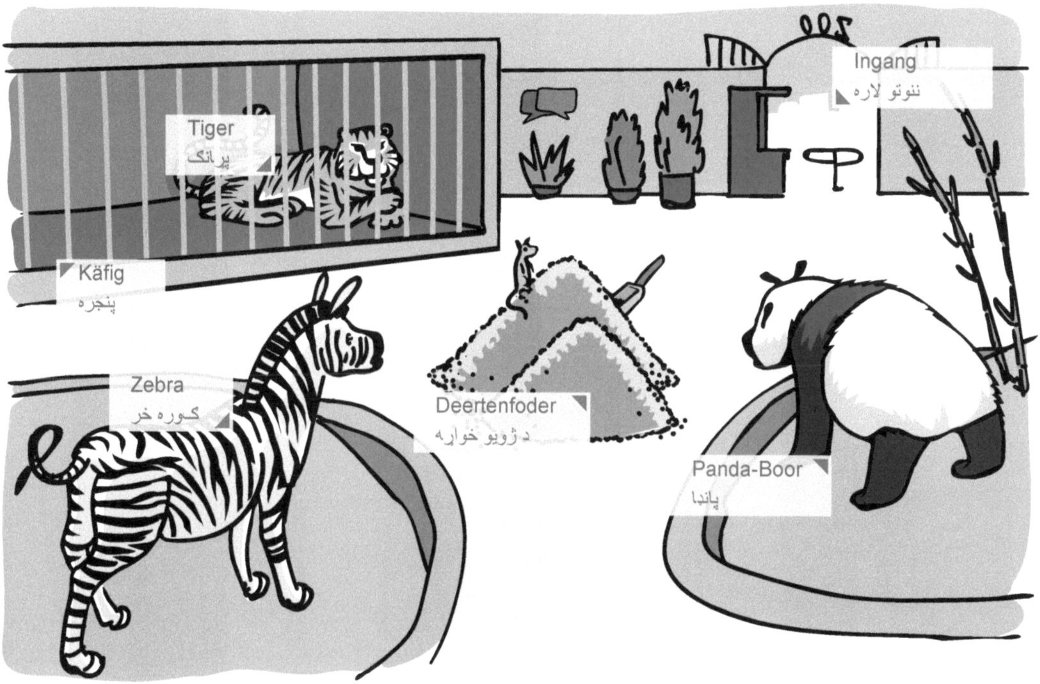

Ingang
ننوتو لاره
Tiger
پړانګ
Käfig
پنجره
Zebra
ګوره خر
Deertenfoder
د ژویو خواړه
Panda-Boor
پاندا

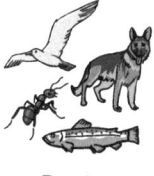

Deerten

ژوی

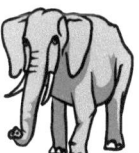

Elefant

هاتي

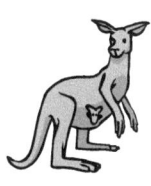

Känguru

کنګرو

Neeshoorn

د اوبو اسپ

Gorilla

ګوریلا

Boor

ایږه

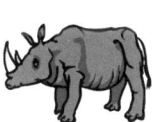

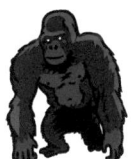

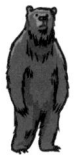

Kameel

اوبښ

Struuß

ښترمرغ

Lööv

زمری

Aap

ببيزو

Flamingo

غزی

Papagoi

طوطي

Iesboor

قطبي ايږه

Pinguin

پينگوين

Haifisch

شارک

Pageluun

طاوس

Slang

مار

Krokodil

تمساح

Oppasser in'n Deertenpark

ژوبن ساتونکی

Saalhund

سيل

Jaguor

جګوار

Pony

يابو

Leopard

پرنگ

Nilpeerd

هيپو

Giraff

زرافه

Aadler

باز

Wildswien

نرخوک

Fisch

کب

Schildkrööt

شمشتی

Walross

سمندري نولی

Voss

گيدره

Gazell

هوسی

Amerikaansch Football
امریکایی فټبال

Radfohren
سایکل چلول

Tennis
تېنیس

Korfball
باسکیټبال

Swümmen
لامبو

Boxen
باکسینګ

Ieshockey
د کنګل هاکي

Football
فټبال

Fedderball
کسیزه

Leichtathletik
د ځغاستي لوبي

Handball
د هندبال

Skilopen
سکي

Polo
پولو

Aktivitäten
فعاليتونه

lachen
خندل
springen
ټوپ وهل
ümarmen
غاړه ورکول
gahn
ګرځېدل
singen
سندري ويل
drömen
خوب ليدل
beden
عبادت کول
snuteln
مچو کول

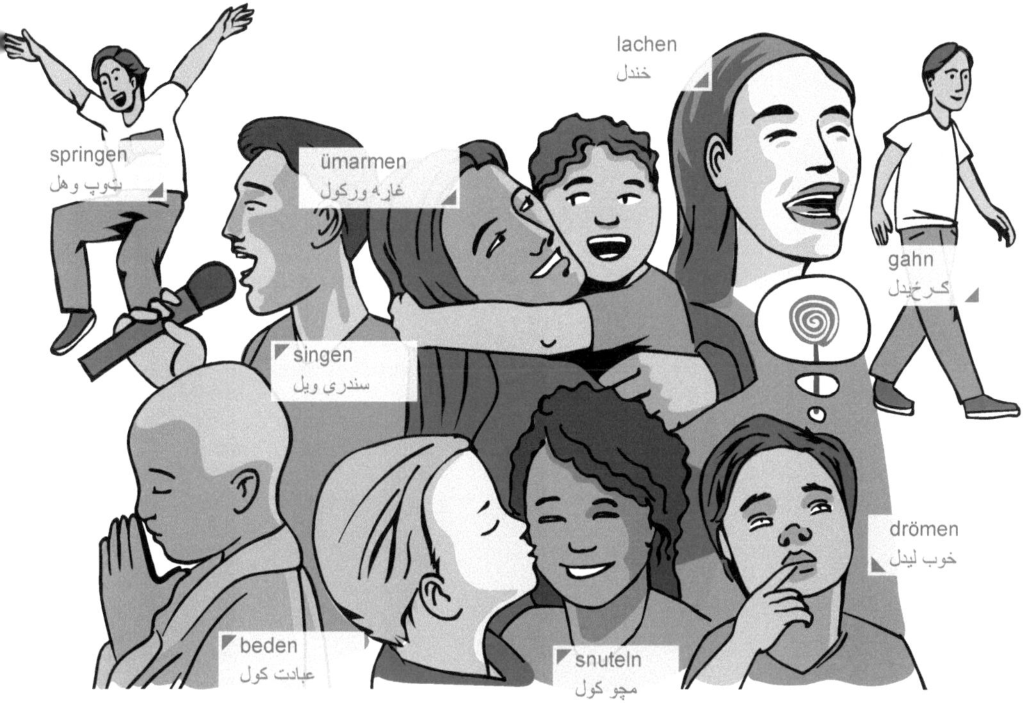

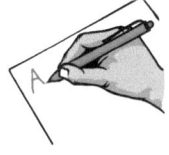

schrieven
ليکل

teken
کښل

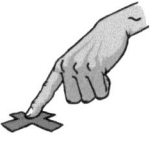

wiesen
ښودل

drücken
ټېله کول

geven
ورکول

nehmen
اخيستل

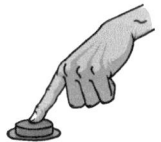

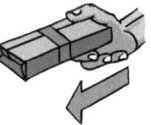

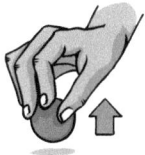

hebben

درلولدل

doon

كول

sien

پايیدل

stahn

ودریدل

lopen

منډي وهل

trecken

راکښل

smieten

ګوزارل

fallen

لویدل

liggen

څملاستل

töven

انتظار کول

dregen

ورل

sitten

کښېناستل

antrecken

پوښاک اغوستل

slapen

ویده کیدل

opwaken

پاڅیدل

ankieken

کتل

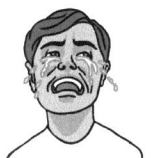

wenen

ژړل

eien

بريد کول

kämmen

کمڅخ کول

snacken

خبری کول

verstahn

پوهيدل

fragen

غوښتل

hören

اوريدل

drinken

څښل

eten

خورل

oprümen

پاکول

leefhebben

مينه کول

kaken

پخلی کول

fohren

موټر چلول

flegen

الوتل

segeln

بیری چلول

reken

حساب

lesen

لوستل

lehren

زده کول

arbeiden

کار کول

de Plünnen tohoopsmieten

واده کول

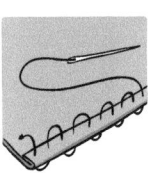

neihen

کنډل

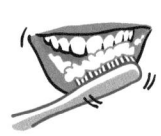

Tähnen putzen

د غاښونو برس کول

dootmaken

وژل

smöken

سګرټ څښل

schicken

لیږل

Familje
کورنی

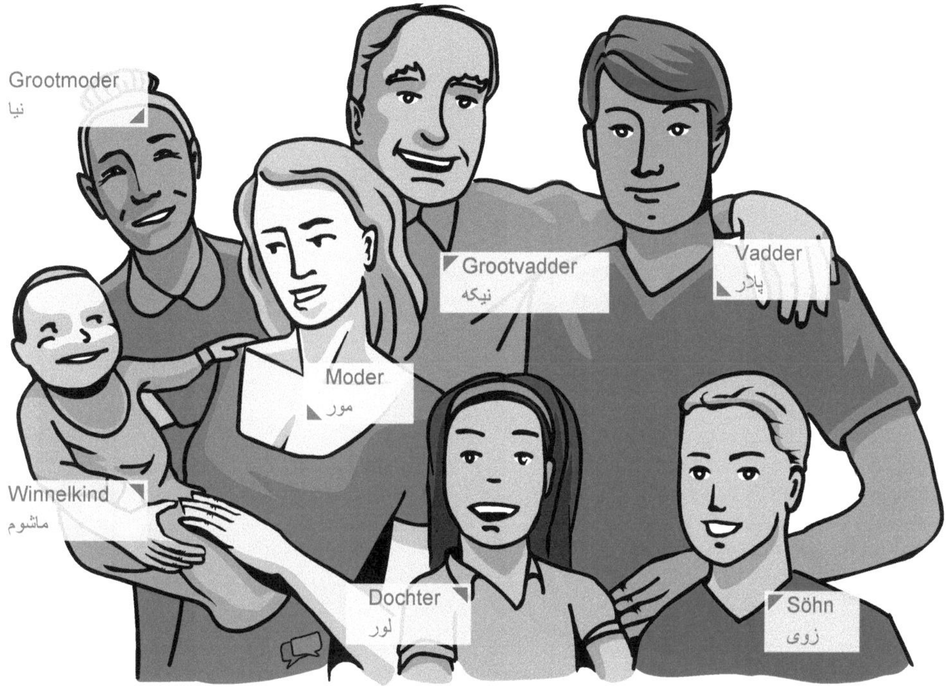
Grootmoder
نیا
Grootvadder
نیکه
Vadder
پلار
Moder
مور
Winnelkind
ماشوم
Dochter
لور
Söhn
زوی

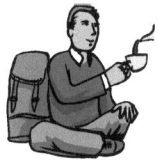

Gast
میلمه

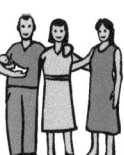

Tant
ترور

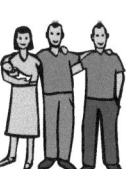

Unkel
کاکا/ماما

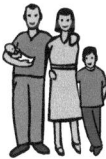

Broder
ورور

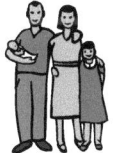

Süster
خور

Lief

بدن

Vörkopp
تندی
Oog
سترګې
Schuller
اوږه
Finger
ګوته
Gesicht
مخ
Kinn
زنه
Hand
لاس
Been
پښه
Bost
سینه
Arm
مټ

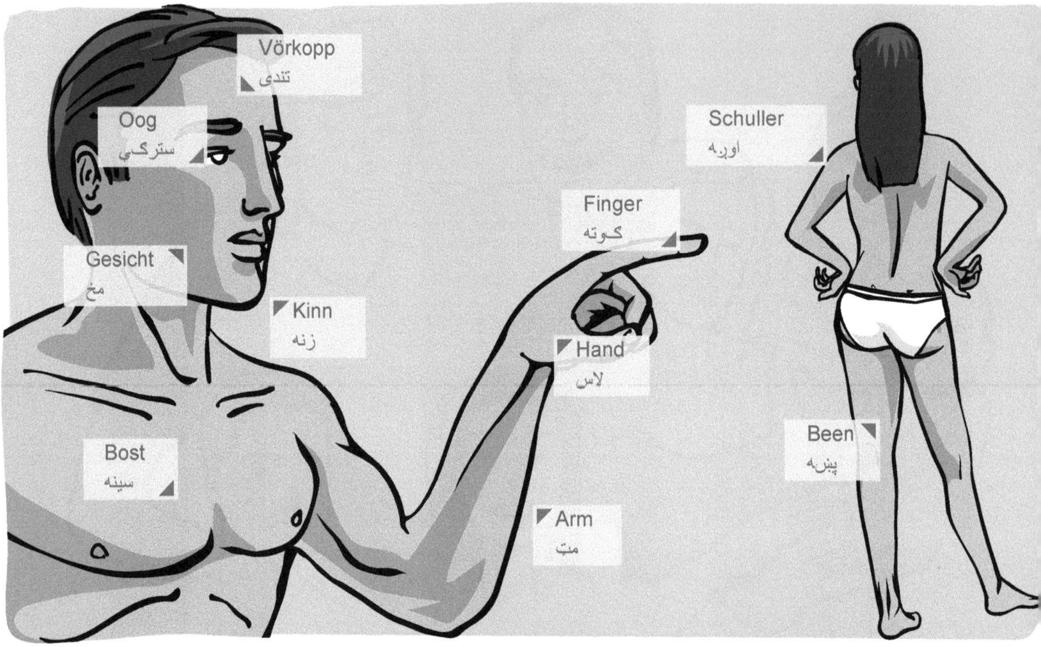

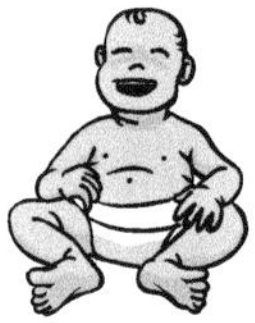

Winnelkind
ماشوم

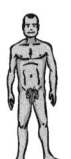

Mann
سړی

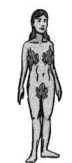

Fro
ښځه

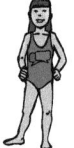

Deern
انجلۍ

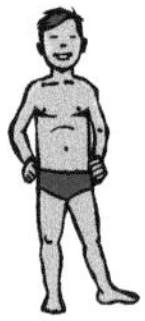

Jung
هلک

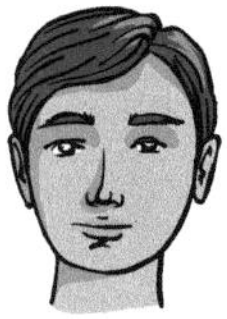

Arm
سر

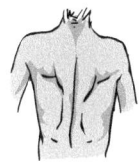

Rüch

شا

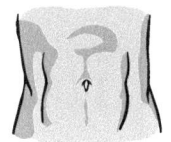

Buuk

خیټه

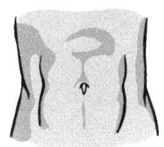

Navel

نوم

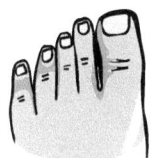

Teh

د پښې گوته

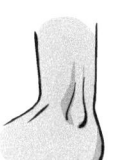

Hack

پونده

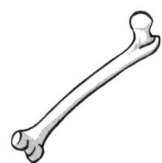

Knaken

هډوکی

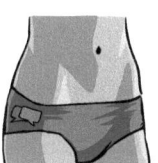

Hüft

كوناتى

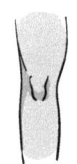

Knee

زنگون

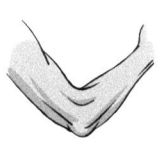

Ellbagen

څنگل

Nees

پوزه

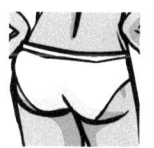

Achtersen

لاندی برخه

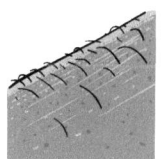

Huut

پوټكی

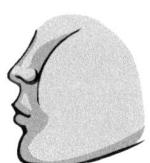

Back

غومبوری

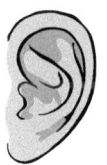

Ohr

غوږ

Lipp

 شونډه

Mund

خوله

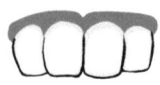

Tähn

غابښ

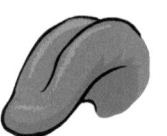

Tung

ژبه

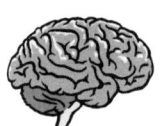

Bregen

مغز

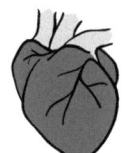

Hart

زړه

Muskel

عضله

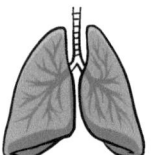

Lung

سږی

Lever

ځيگر

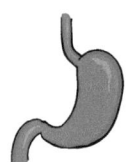

Maag

معده

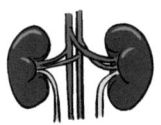

Neren

پښتورګي

Bislaap

جنسي نږدی والی

Kondoom

كاندوم

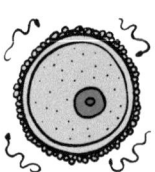

Eizell

تخمه

Sperma

مني

Anner Ümstänn

حمل

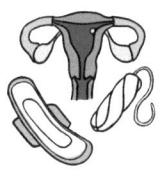

Menstruatschoon

حيض

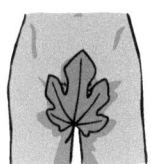

Scheed

مهبل

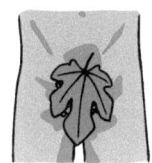

Pint

د نارينه تناسلي اله

Ogenbroe

وروخی

Hoor

وېښته

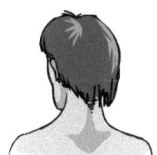

Hals

غاړه

Krankenhuus
روغتون

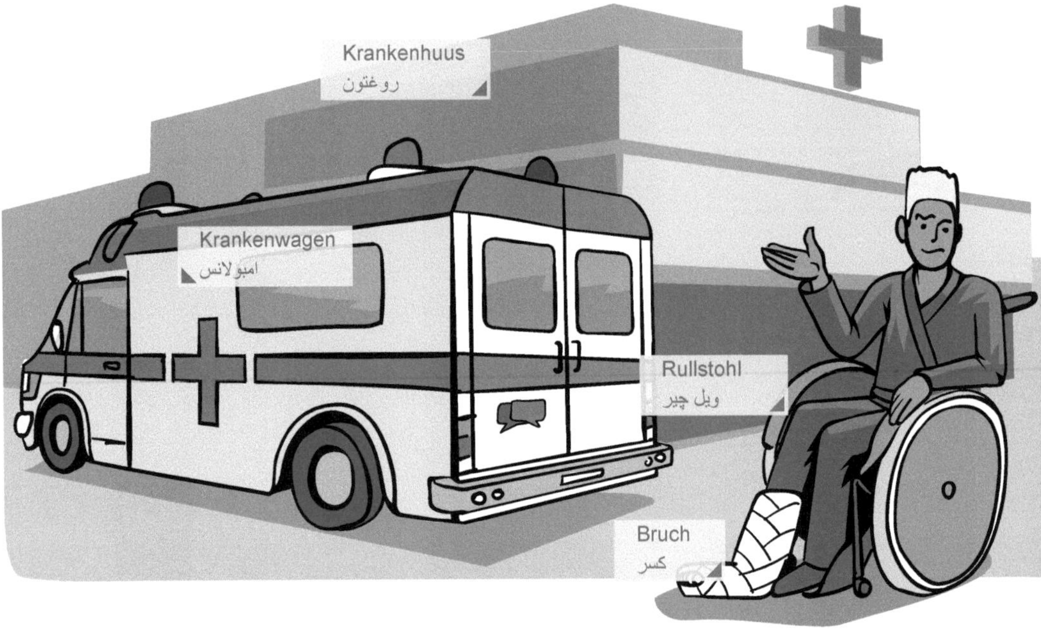

Krankenhuus
روغتون
Krankenwagen
امبولانس
Rullstohl
ویل چیر
Bruch
کسر

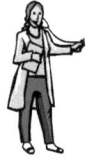

Dokter

ډاکټر

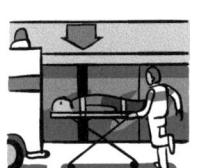

Nootopnahm

عاجل خونه

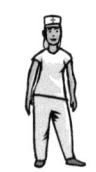

Krankensüster

رنځورپال

Nootfall

عاجل

ahnmächtig

بې هوش

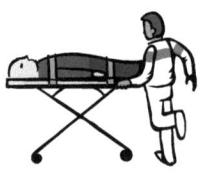

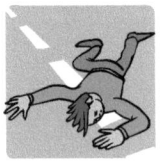

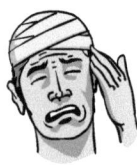

Wehdaag

درد

Verwunnen

پټ

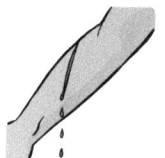

Blöden

لدیوت هنیو

Hartinfarkt

د زره حمله

Slaganfall

برض

Allergie

تیساسح

Hoosten

ىخوت

Fever

هبت

Gripp

ازنیولفنا

Dörchfall

ىتسان سن

Koppwehdaag

سر درد

Kreeft

ناطرس

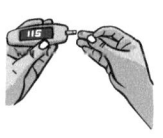

Zuckersüük

ركش

Chirurg

حارج

Chirurgsch Mess

لپلاکس

Operatschoon

تایلمع

CT

سیرتَمي

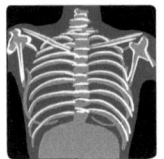

Dörchlüchten

ايكس رى

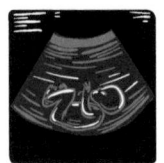

Ultraschall

الْترَاساوند

Mask

د مخ ماسک

Krankheit

ناروغي

Töövruum

انتظار خونه

Krück

امساأ

Plaaster

پلسترَ

Verband

بنداژ

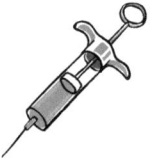

Insprütten

تزريق

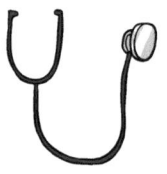

Stethoskop

ستَاتسكوپ

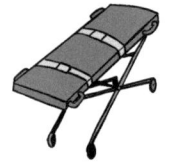

Draag

تسكيره

Feverthermometer

كلينكي ترماميتر

Geboort

زيږون

Övergewicht

زيات وزن

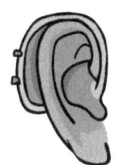

Höörapparat

د اوريدو مرسته

Kiemfriemiddel

د عفونيت څخه پاکونکي مواد

Ansteken

عفونيت

Virus

ويروس

HIV / AIDS

ايچ.آی.وي/ايدز

Heelmiddel

درمل

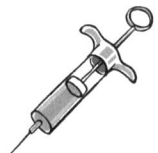

Impen

واکسين

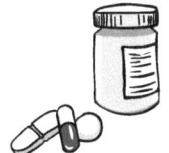

Tabletten

ټابليټس

Pill

ګولۍ

Nootroop

عاجل تليفون

Blootdruck-Meter

د وينې د فشار ګارونکی

krank / gesund

ناروغ/روغ

Hölp!

مرسته!

Alarm

الارم

Överfall

يرغل

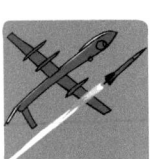

Angreep

بريد

Gefohr

خطر

Nootutgang

عاجل لاره

Füer!

اور!

Füerlöscher

د اور وژونكى

Unfall

پيښه

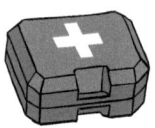

Noothölpkoffer

د لومړی مرستي لوازم

SOS

ايسد.او.ايس

Polizei

پوليس

Europa

اروپا

Noordamerika

شمالي امريکا

Süüdamerika

سهيلي امريکا

Afrika

افريقا

Asien

آسيا

Australien

أستريليا

Atlantik

اتلانتيک

Pazifik

پاسيفيک

Indisch Weltmeer

د هند بحر

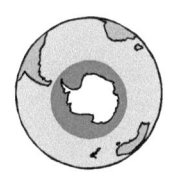

Antarktisch Weltmeer

جنوبي منجمد بحر

Arktisch Weltmeer

د شمال قطب بحر

Noordpol

شمالي قطب

Süüdpol

سهيلي قطب

Antarktis

انتاركتيکا

Eerd

خُمکه

Land

خُمکه

See

بحر

Eiland

ټاپو

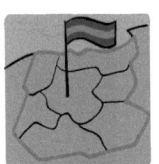

Natschoon

ملت

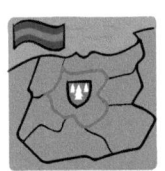

Staat

دولت

Tallenblatt

د مخی ساعت

Stunnenwieser

د ساعت ستنه

Minutenwieser

د دقیقی ستنه

Sekunnenwieser

د ثانیی ستنه

Wo laat is dat?

څه وخت دی؟

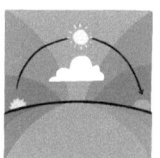

Dag

ورځ

Tiet

وخت

nu

اوس

digetaalsch Klock

ډیجیټل ساعت

Minuut

دقیقه

Stunn

ساعت

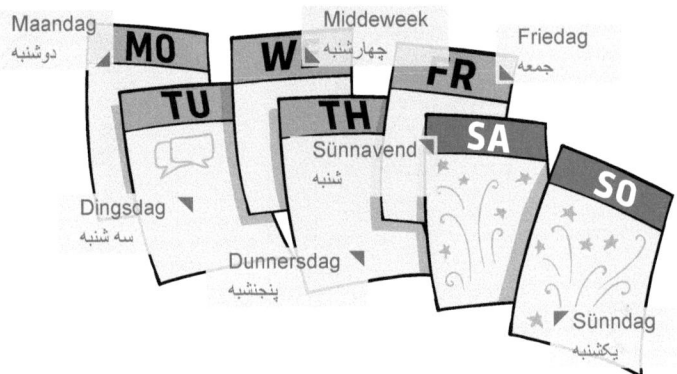

Maandag
دوشنبه

Middeweek
چهارشنبه

Friedag
جمعه

MO

W

FR

TU

TH

SA

SO

Dingsdag
سه شنبه

Sünnavend
شنبه

Dunnersdag
پنجشنبه

Sünndag
یکشنبه

güstern

پرون

hüüt

نن

morgen

سبا

Morgen

سهار

Meddag

غرمه

Avend

ماښام

MO	TU	WE	TH	FR	SA	SU
1	2	3	4	5	6	7
8	9	10	11	12	13	14
15	16	17	18	19	20	21
22	23	24	25	26	27	28
29	30	31	1	2	3	4

Arbeitsdaag

کاري ورځي

MO	TU	WE	TH	FR	SA	SU
1	2	3	4	5	6	7
8	9	10	11	12	13	14
15	16	17	18	19	20	21
22	23	24	25	26	27	28
29	30	31	1	2	3	4

Wekenenn

د اونۍ پای

Johr

کال

Regen
باران
Regenbagen
رنګین کمان
Snee
واوره
Wind
باد
Fröhjohr
پسرلی
Harvst
منی
Sommer
اوړی
Winter
ژمی

4.APRIL 11°
5.APRIL 4°
6.APRIL 13°
7.APRIL 8°
8.APRIL 10°

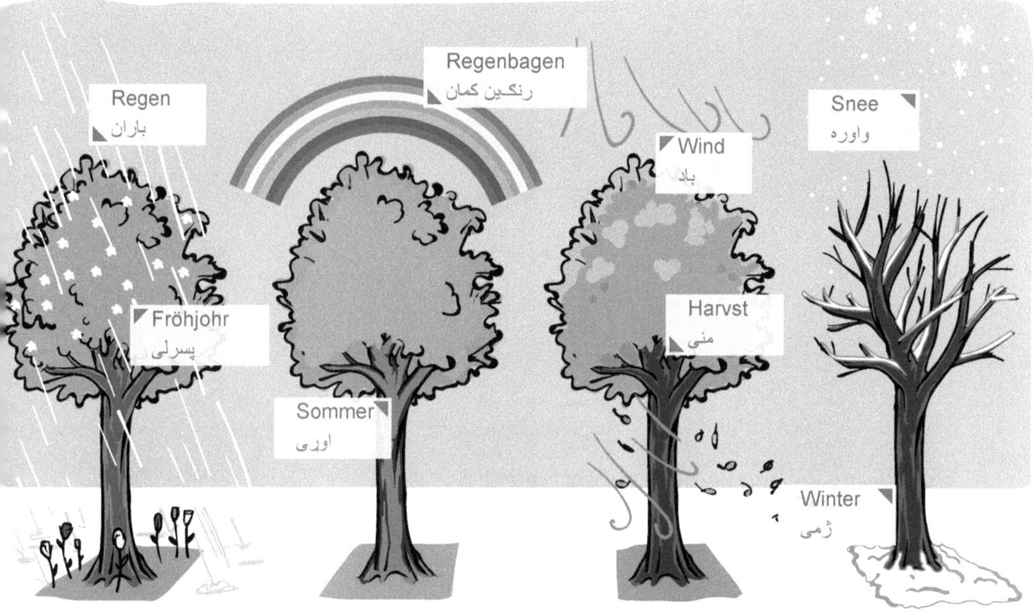

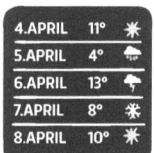

Wedervörhersaag

د موسم وړاندوینه

F C
120 90 60 30 0 -30
40 30 20 10 0 -10 -20

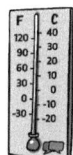

Thermometer

ترموميټر

Sünnenschien

د لمر وړانګې

Wulk

وريځ

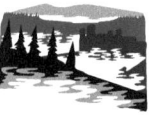

Nevel

لړه

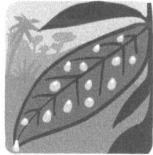

Luftfuchtigkeit

رطوبت

Blitz

ابرا

Dunner

تندر

Storm

توفان

Hagel

ژالی وریدل

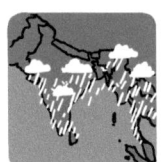

Monsun

مون سون باران

Floot

سیلاب

Ies

یخ

Januormaand

جنوري

Februormaand

فبروري

Martmaand

مارچ

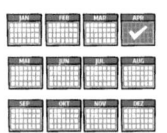

Aprilmaand

اپریل

Maimaand

مئی

Junimaand

جون

Julimaand

جولای

Augustmaand

اگست

Septembermaand

سپتمبر

Oktobermaand

اکتوبر

Novembermaand

نومبر

Dezembermaand

دسمبر

Formen

شکلونه

Krink

دايره

Quadrat

مربع

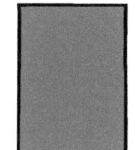

Rechteck

مستطيل

Dreeeck

مثلث

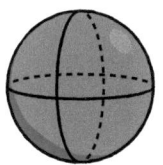

Kugel

توپ

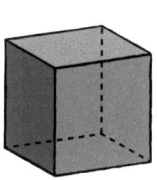

Wörpel

فال

witt

سپين

geel

ژير

orangsch

نارنجي

pink

ګلابي

root

سور

lila

ارغواني

blau

نيلي

gröön

شين

bruun

نسواري

gries

خر

swart

تور

veel / wenig

خورا ډېر/خورا لږ

böös / verdreeglich

قار/آرام

smuck / mies

ښکلی/بدشکله

Begünn / Enn

پیل/پای

groot / lütt

لوی/کوچنی

hell / düüster

روښانه/تیاره

Broder / Süster

ورور/خور

schier / schietig

پاک/ککر

kumpleet / nich kumpleet

مکمل/نامکمل

Dag / Nacht

ورځ/شپه

doot / lebennig

مړ/ژوندی

breet / small

پراخه/انری

geneetbor / nich geneetbor

....

د خوراک وړ/نه خوړل کیدونکی

böös / fründlich

....

بد/مهربان

fickerig / langwielt

....

پاریدلی/بی خونده

dick / dünn

....

چاق/وچ

toeerst / toletzt

....

لومړی/وروستی

Fründ / Fiend

....

ملګری/دښمن

vull / leddig

....

ډک/تش

hart / week

....

سخت/نرم

swoor / licht

....

دروند/سپک

Smacht / Döst

....

لوږه/تنده

krank / gesund

....

ناروغ/روغ

nich na't Recht / na't Recht

....

غیرقانوني/قانوني

klook / dummerhaftig

....

هوښیار/ساده

linkerhand / rechterhand

....

کین/ښی

neeg / feern

....

نزدې/لري

nieg / bruukt

نویا/زور

nix / wat

هيڅ/ڼوڅه

oolt / jung

بوڳا/ځوان

an / ut

چالان/بند

apen / slaten

خلاص/ترلی

lies / luut

غلی/لور غږ

riek / arm

بډايه/غريب

richtig / verkehrt

صحيح/غلط

ruug / glatt

زبر/ملايم

trurig / glücklich

خفه/خوښ

kort / lang

لنډ/اوږد

suutje / flink

سست/ګرندی

natt / dröög

لوند/وچ

warm / köhl

ګرم/يخ

Krieg / Freden

جګړه/سوله

0

null
....
صفر

1

een
....
يو

2

twee
....
دود

3

dree
....
دري

4

veer
....
څلور

5

fief
....
پنځه

6

söss
....
شپږ

7

söven
....
اوه

8

acht
....
اته

9

negen
....
نهه

10

teihn
....
لس

11

ölven
....
يولس

12
twölf

دولس

13
dörteihn

ديارلس

14
veerteihn

ٹوارلس

15
föffteihn

پنځلس

16
sössteihn

شپارس

17
söventeihn

وولس

18
achtteihn

اتلس

19
negenteihn

سولن

20
twintig

شل

100
hunnert

نلس

1.000
dusend

زر

1.000.000
million

ميليون

Engelsch

انگلسي

Amerikaansch Engelsch

امریکایی انگلسي

Chineesch Mandarin

چینایی مندرین

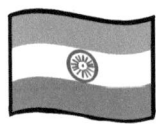

Hindi

هندي

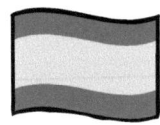

Spaansch

هسپانوي

Franzöösch

فرانسوي

Araabsch

عربي

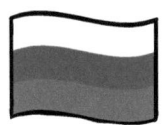

Rusch

روسي

Portugiesch

پرتکالي

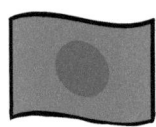

Bengaalsch

بنگالي

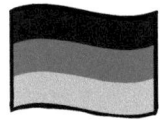

Düütsch

الماني

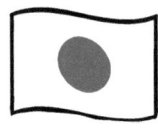

Japaansch

جاپاني

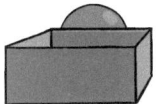

achter

شاته

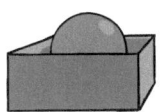

in

په

vör

په مخه کی

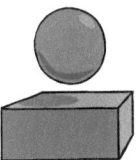

över

باندی

op

په

ünner

لاندی

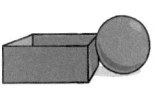

blangen

برسیره پر

twüschen

ترمینځ

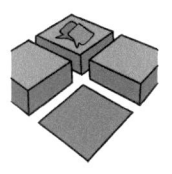

Oort

ځای

ik

زه

du

ته

♂ ♀ ○

he / se / dat

هغه/دغه/دا

wi

مونږ

ji

تاسي

se

دوی/هغوی

keen?

ثوک؟

wat?

ثه؟

woans?

ثنگه؟

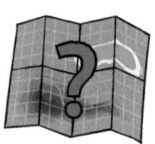

woneem?

چیري؟

wannehr?

کله؟

HELLO, I AM

Naam

نوم